LA RÉPUBLIQUE

AU

VILLAGE,

OU

LA SOUVERAINETÉ DU BUCHERON,

Par L.-A. D'ESMOND.

> Il n'y a pas de bon sens et il y
> a du crime à exposer un seul
> instant la tranquillité de son
> pays pour l'amour d'une per-
> fection théorique.
> (Brandes.)

MONTLUÇON,

IMPRIMERIE DE H. LEDOUX.

1849.

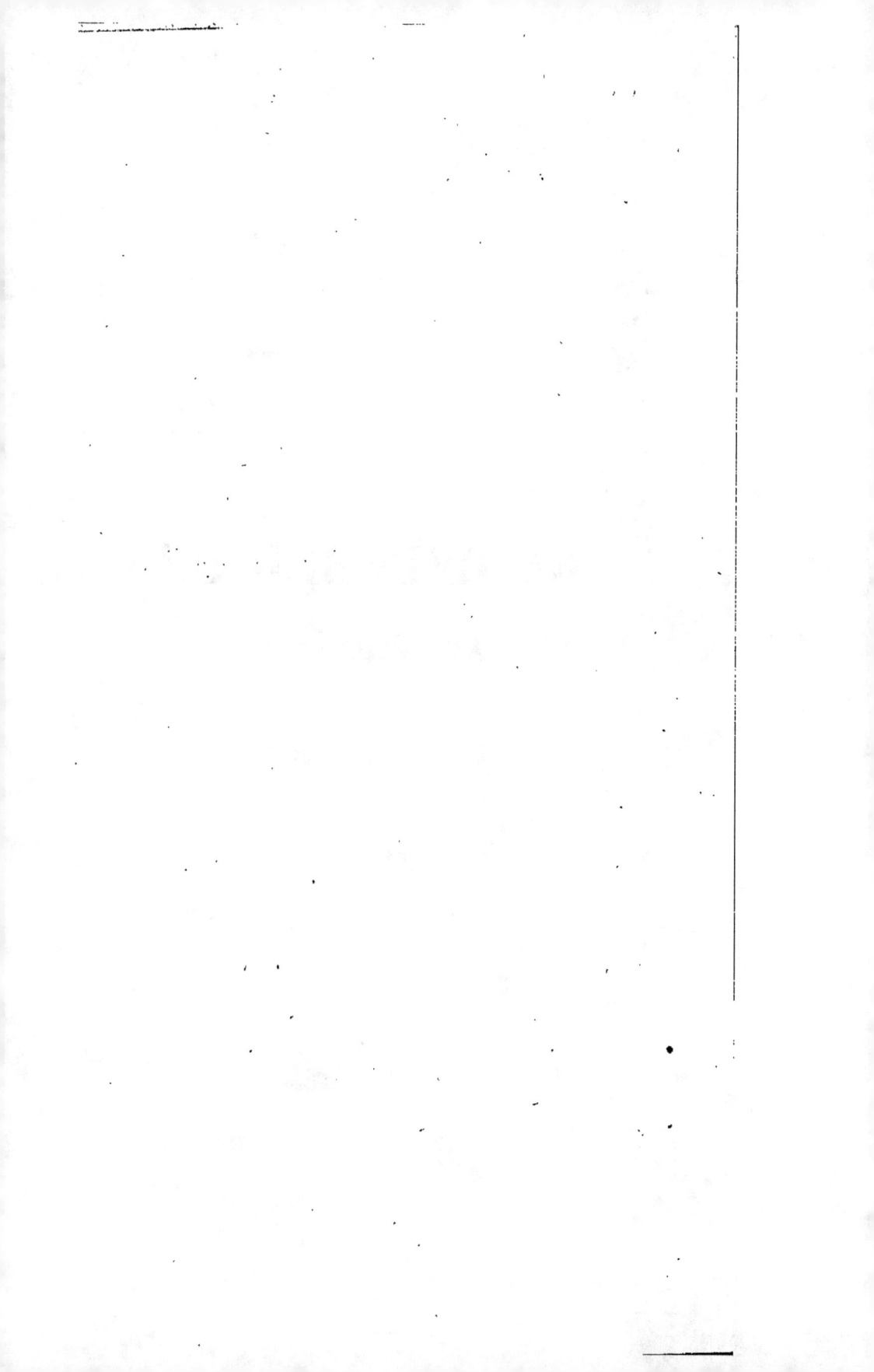

LA RÉPUBLIQUE

AU VILLAGE.

AVANT-PROPOS.

Tout le monde qui a des rapports directs avec la campagne ou qui n'est pas étranger aux affections du peuple agreste, est à même d'apprécier le bien-venu d'un livre au village ; que l'accueil qu'on lui fait est en raison inverse de son volume ; que tel individu qui se distinguerait étant aux prises avec un sac de blé, reculerait d'épouvante en présence d'un gros *in-octavo*.

Ainsi, tout en prenant la plume sous l'inspiration de mes bons voisins et de la bienveillance de mon lecteur, je dois me borner aux simples linéaments de mon sujet; à un simple aperçu sur notre régime républicain.

Toutefois, on trouvera dans ce mince opuscule, les grosses assises fondamentales du nouvel édifice social qui vient de s'élever avec d'heureuses proportions, sous les auspices du Génie de l'époque. Et bien que nous devions un religieux respect aux gothiques ruines des institutions qui protégeaient nos pères, nous ne formons pas moins des vœux sincères pour la permanence de l'œuvre de nos contemporains.

Or, partant d'un principe avéré, nous devons convenir que toute Révolution qui a foi dans un avenir fortuné, est

engendrée par une idée morale et se
développe sous les auspices du perfec-
tionnement de l'esprit public, que ce
soit sous les formes républicaines ou
sous des formes monarchiques ; ou bien
sous les formes d'un régime mixte, qui
garantit au peuple toutes les libertés qui
sont compatibles avec l'ordre.

La vertu publique étant la base sur
laquelle reposent nos institutions républicaines, elle nous prescrit l'examen de
l'éducation du peuple souverain ; et bien
que nous puissions saluer avec une déférence entière ses hautes qualités, ses
instincts nationaux, il nous sera permis,
au nom de la Liberté, de ne pas nous
incliner à l'instar des courtisans et en-
censer jusqu'aux imperfections des masses populaires.

Aussi, devons-nous nous refuser à une

recherche microscopique qui vétille, et passer outre à ce qui est du plus grand intérêt pour la République ; la fortune, le bien-être, l'avenir de la population campagnarde et le choix de ses mandataires.

Les utopistes à longue vue, et les philantropes par amour du prochain, ne m'en voudront pas d'avoir tracé quelques lignes à leur adresse ; de même, les économistes à gros budjet ne se formaliseront pas de ce que nos vœux tendent à diriger les capitaux aux champs préférablement qu'au gouffre fiscal qui convoite la fortune mobilière en s'interposant comme un abîme de malheurs entre deux amis de cœur et de bourse, le petit capitaliste et le petit agriculteur.

Nous n'avons pas cru pouvoir écarter de notre sujet, les prétentions criantes de la classe ouvrière, ou la question du Droit au travail ; question qui se résout constitutionnellement au profit de la liberté individuelle.

Nous nous sommes également arrêtés au mesquin esprit de localité, à l'extrême crédulité de la multitude ; à son entraînement, à sa soi-disant fatalité ; et tout en signalant la vanité comme un vice national, nous la couvrons du moins, de la noble émulation qui conduit non-seulement à la fortune, mais aussi à la Gloire, en dépit même de la Calomnie, le plus vil et le plus lâche des vices que nous a léguée la *puissance occulte* du régime déchu.

Sous la pénible impression d'une certaine finesse pusillanime nous n'avons pas pu omettre le rôle amphibologique des hommes ultra-prudents, dont la sagacité et l'esprit de conservation sont à déplorer aux époques d'égarement ; nous terminerons notre tâche par une séance politique au cabaret en invoquant les inspirations du dieu de la fraternité villageoise.

Néris, le 15 Avril 1849.

LA

RÉPUBLIQUE AU VILLAGE,

OU LA

SOUVERAINETÉ DU BUCHERON.

Le gouvernement républicain.

Par gouvernement républicain nous
entendons un régime administratif et
exécutif qui relève de la souveraineté du
peuple qui constitue par délégation une
assemblée de citoyens ayant mission de
faire, d'abroger ou modifier les lois et
dispositions générales de police; de
veiller à leur observance, comme à leur
exécution et à la bonne gestion de toutes
les parties de l'administration du pays

qui intéressent directement ou indirectement la *Chose Commune,* aussi bien que la conservation de la Liberté publique et privée, sur laquelle reposent l'égalité et la fraternité, principes de chaleur, de vie et de nationalité d'un peuple.

La Liberté.

« La Liberté ne saurait s'aliéner ; ce » premier don de la nature, dit Mirabeau, » est imprescriptible, et les hommes » même dans leur délire ne sauraient y » renoncer (1) ».

Cette proposition ne serait-elle pas échappée du grand cœur du grand Citoyen en termes trop absolus en présence de toutes les obligations de l'homme social, du vrai républicain?

(1) Essai sur le Despotisme.

Nous le pensons, car la Liberté sociale qui ne vise pas par une arrière pensée au despotisme, à l'usurpation, ou au bien d'autrui se retient et s'incline partout où elle rencontre un devoir ; et le premier devoir de l'homme qui veut être libre est de reconnaître les droits du prochain et d'y borner sa propre liberté. Or, nous pouvons dire avec le poète que

> La véritable liberté
> Du vice n'est pas le partage ;
> Elle l'est de la probité ;
> L'homme est libre, quand il est sage.

l'Egalité.

De ce frein mis à la liberté résulte l'Égalité, celle admise par le contrat social, qui ne peut exister que par une sage indépendance garantie aux contrac-tans également soumis à une réciprocité d'obligations, d'où ressorte une bonne justice, une parfaite égalité devant la loi des hommes, comme elle existe par la loi de Dieu qui veut que nous soyons égaux, sauf la supériorité acquise à la vertu.

Toute autre égalité serait aussi illusoire que déraisonnable, devant révolter la nature, trop riche en genres, en espèces, en individus pour réduire ses œuvres à une pauvre uniformité et n'avoir pas horreur d'une absolue et sauvage égalité qui, d'ailleurs, n'existe nulle part, ni physiquement, ni moralement, ni dans les personnes, ni dans les choses : où trouve-t-on deux hommes de même structure, de même physionomie? pas une feuille qui soit identiquement semblable à une autre feuille, ni deux cœurs qui soient pareils; autant de têtes, de

cerveaux de Paris à Rome, autant d'individus diversement caractérisés : Tel
homme au regard d'aigle ose fixer le
soleil ; tel autre né pour l'obscurité pré-
fère incliner ses regards, les promener
dans l'ombre : Achille est un héros !
Thersite un fanfaron ! quel niveleur serait
assez habile pour les soumettre au même
niveau ; et bien qu'ils soient l'un et l'autre membres de la grande famille de
l'humanité, ils n'en sont pas pour cela
égaux que devant la justice du contrat
social qui repose sur les dogmes évangéliques.

La Fraternité.

Aussi, leurs préceptes en proclamant la Liberté et l'Égalité veulent les cimenter par des procédés et des prévenances fraternels ; et en effet, il est raisonnable de supposer que des hommes libres, réunis dans une même circonscription, échauffés par le même soleil, respirant le même air, nourris par le même sol, solidaires des mêmes éventualités, soumis aux mêmes règlements, à la même discipline, protégés par les mêmes lois, adorant le même Dieu doivent être unis entre eux par les liens d'une sainte et patriotique fraternité, sœur bienveillante de l'Égalité et de la Liberté et dont les vertus réunies constituent la vie et entretiennent la chaleur fécondante de l'État républicain.

Influence du Christianisme sur le régime républicain.

Aussi, pouvons-nous espérer que notre République envisagée, non pas du point de vue des républiques du paganisme, mais sous les rapports du christianisme, fera bonne justice de toutes ces soi-disant républiques, antiques et modernes dont la puissance relevant de l'inégalité, de l'oppression et de la servitude, n'étaient qu'une succession de dictatures et de Coups d'État, au nom des *Dieux immortels*, ou bien d'une oligarchie tyrannique et aux mains rapaces, tantôt aristocratique, tantôt bourgeoise ; et souvent la chose publique se vit livrée aux mains d'une multitude démagogique qui exerçait le pire des despotismes celui qui s'opère de bas en haut avec toute la souplesse et férocité de la bassesse, qui sait alternativement cajoler, trahir et opprimer le peuple par le plus atroce despotisme, celui qui prône la Liberté en la comprimant.

Le peuple et la populace.

Ne confondons pas le peuple avec la populace ; car, le peuple c'est la nation, la population entière, riche, pauvre, nobles, bourgeois, ouvriers, paysans, savans et ignorans. Le peuple pris ainsi collectivement a le jugement sain, un instinct droit ; son tribunal est sans appel.

Bien que la populace fasse partie du peuple, que ce soit un membre nerveux du géant, prise isolément ses mouvements ne sont soumis à aucune direction bien ordonnée ; sa volonté fugace est toujours passionnée, et sa passion est d'autant plus dangereuse pour la tranquillité publique qu'elle est toujours aveugle, et par cela, devient le passif instrument d'une insidieuse ambition.

Le peuple a toujours la conscience de son action, de sa force, et cette force est celle d'un Dieu, s'il m'est permis de m'exprimer ainsi ; tous ses coups sont étudiés, mesurés, portent d'aplomb ; rien ne leur résiste.

La populace est tantôt un lion furieux, tantôt c'est un passif agneau ; aujourd'hui elle dévaste, demain changeant de nature, elle se laissera conduire ; elle succombera.

Le peuple écoute, entend la raison et se conforme à ses prescriptions.

La populace n'écoute que les caprices de sa passion et voue aux Gémonies et aux Dieux infernaux son héros de la veille.

Or, fiez-vous au peuple, et méfiez-vous de la populace!!

Le Peuple souverain par la grâce de Dieu.

Quoi qu'il en soit du peuple et de la populace, nous venons d'aborder une ère qui vient de ceindre de nouveau le front du peuple, en lui livrant la puissance souveraine.

Comme tout pouvoir émane de Dieu, qui donne et reprend à sa volonté suprême, il ne nous est pas permis de fixer la durée de la bienheureuse institution qui régit notre pays; mais, puisant notre félicité à la source providentielle, nous osons nous livrer à la joie de la douce espérance qui nous promet un radieux avenir; un avenir de gloire, de bien-être et de liberté.

L'exercice de la souveraineté par délégation; Assemblée nationale.

Le premier soin et le premier devoir du peuple souverain est de confier par délégation son autorité à une assemblée constituante, législative et nationale qui soit digne de sa mission par son patriotisme et ses lumières; qui résume enfin tous les droits de la nation et constitue un gouvernement qui pourvoit à tous les besoins de la chose publique. Cette représentation du peuple sort de l'urne par vote individuel des électeurs, c'est-à-dire par tous les Français nés ou naturalisés tels, agés de 21 ans et jouissant des droits de citoyen.

L'élection pour être valide doit être directe, libre, sincère, universelle. Les candidats agés de 25 ans révolus et citoyens français doivent être connus personnellement aux électeurs afin qu'ils puissent juger par eux-mêmes de leurs principes, de leurs idées, de leurs capacités et de leurs vertus patriotiques.

L'Assemblée nationale ainsi constituée par la souveraineté du peuple, sera gardienne de tous nos Droits *intérieurs* et *extérieurs*; protectrice de nos progrès en civilisation ; elle sera garante de l'éducation et de l'instruction publiques, ainsi que de nos croyances religieuses, sans rien déroger aux droits imprescriptibles de la nature acquis au chef de famille jusqu'à l'émancipation successive de ses membres.

Nous entendons par droits intérieurs, tout d'abord, ceux des libertés du citoyen, qui sont :

1ᵉ Celle que l'on doit à sa personne et au foyer domestique ;

2° Celle du libre exercice du culte que l'on professe ;

3° Celle de la propriété, qui met la fortune particulière à l'abri de la confiscation, d'impôts arbitraires et vexatoires qui spolient et dépouillent au nom du salut public ;

4° Celle des transactions, afin que le commerce et l'industrie n'éprouvent pas de ces perturbations qui arrêtent la circulation des produits et du numéraire et par là compromettent la fortune publique et privée ;

5° Celle de la presse dont la censure serait la violation du premier droit de l'humanité, la manifestation de la pensée;

6° Celle des associations inoffensives où le peuple, par le conflit des idées, éclaire le pouvoir en s'instruisant;

7° Celle des élections, afin que les représentans du peuple souverain soient des hommes d'élite, et dignes de veiller aux grands intérêts nationaux.

Par droits extérieurs, nous entendons ceux qui nous appartiennent par des traités, transactions diplomatiques ou par des relations traditionnelles et sur l'intégrité et jouissance desquels repose l'entente cordiale que la France désire conserver avec le monde civilisé.

L'Éducation et l'Instruction publiques.

Il fut un temps où toutes les nations accueillaient avec l'empressement d'un vif intérêt celui qui se présentait sous les auspices d'une éducation française. Je ne rechercherai pas si cette éducation a perdu de son crédit; si celle de nos jours sert d'un passe-avant aussi sûr que celui de l'éducation de nos pères et si, encore aujourd'hui, la parole d'honneur des masses populaires porte toute la valeur d'une obligation souscrite devant notaire; si la bonne foi comme l'esprit de liberté s'est popularisée?

Notre objet n'ayant pas une discussion en vue, il doit se borner à signaler l'éducation en défaut, comparativement à l'instruction, et à la recommander à la considération patriotique des représentants du peuple ; aussi , nous laisserons en repos toutes ces bizarreries des temps passés, nous n'exhumerons pas les usages vermoulus des siècles de la chevalerie, bien que par respect pour les morts il nous soit permis d'avancer que les Chevaliers français étaient les vrais représentants de l'Éducation nationale ; qu'ils propageaient le patriotisme, la bonne foi, le culte de l'honneur et dédaignaient la cajolerie de la populace comme attentatoire aux mœurs d'une nation de Preux.

C'est l'Éducation qui assure au peuple ses droits à la considération et au respect des autres peuples : le rustique Spartiate fut respecté par toute la terre connue, non pour ses sciences, ses lumières ; non pour un savoir-vivre, ou finesse attique et mensongère, mais pour la ma-

gnanimité de son caractère, ses vertus;
son esprit d'ordre qui le rendait également propre à commander et à obéir;
ferme comme chef, actif et soumis comme subordonné, il savait faire la guerre et maintenir la paix. Il n'en fut pas de même de quelques autres peuples, par exemple, le Carthaginois; chez lui, la tromperie fut un principe fondamental des mœurs publiques : il n'y eut qu'un seul remède à ce vice d'éducation; et ce remède nous laisse incertains aujourd'hui, même sur la position géographique de la patrie d'Annibal.

Ce rusé capitaine sut vaincre; la victoire le conduisit à l'immortalité, bien que son renom fît halte dans les délices de la sensualité, et reculât devant la fermeté, les mœurs, la bonne foi d'un peuple qui préféra la gloire d'un Régulus à toutes les ruses raffinées de Carthage.

L'Éducation sous le rapport de la guerre et de la paix.

Si l'Éducation publique pourvoit aux nécessités de la guerre et dispose à cet effet, une population à de vigoureux assauts en propageant des sentimens nobles, généreux, chevaleresques, nous ne devrons pas moins à la République un autre grand pas en Civilisation ; celui qui met la France sur le véritable pied de paix, non pas celle à tout prix, qui s'obtient en passant sous les Fourches-Caudines, mais celle qui se commande, qui s'acquiert et se maintient par les sympathies des peuples et les intérêts respectifs des Etats.

La paix est l'état normal d'une nation forte, civilisée, industrielle et commerciale. Aussi , les vertus pacifiques sont celles qui y prédominent, puisqu'elles conduisent à la gloire la plus douce, la plus solide, à une gloire permanente.

Les peuples doués d'une bonne éducation se respectent mutuellement et étendent les sentimens d'une respectueuse fraternité sur l'humanité entière ; et la réciprocité de bienveillance se trouvant dans le cœur de tous les hommes, garantit la durée des pactes internationaux.

En vain des âmes ambitieuses aspirent à l'éclat du commandement en caressant les passions de la populace, le peuple éclairé n'y prendra pas le change, il saura distinguer le citoyen vraiment patriote, dévoué à la chose commune, de celui qui convoite le pouvoir en caressant l'émeute, monstre à mille gueules, qui ne laisse toutefois de dévorer tôt ou tard ceux-mêmes qui prétendent le rassasier.

Point de paix avec l'émeute ; auprès d'elle la raison est sans force, sans influence ; car, son instinct est féroce.

Toutefois, l'Éducation., concourant avec l'Instruction, présente une puissance morale qui nous semble susceptible de réduire l'aveugle férocité de la populace, de rendre ses passions plus traitables, ses forces désordonnées moins hostiles à la communauté, et par cela même, d'attirer à nos vœux pour l'éducation publique, une bienveillante, une haute et patriotique considération.

Le siècle de la chevalerie, riche en vertus pratiques, est parvenu à vaincre les barbares préjugés qui l'ont précédé ; chacun aspirait à marcher sous les

bannières du preux, à faire preuye de
bonne foi, à défendre la bonne cause, l'in-
nocence calomniée, la vertu ricanée,
l'honneur décrédité, la patrie menacée;
car la multitude d'en bas comme celle
d'en haut, essentiellement imitatrice,
se modèle toujours sur les âmes d'élite
et sur les hommes influens jusqu'à imiter
leurs imperfections morales et physiques.
Je n'ose exhumer les scandales de la
Régence qui se sont perpétués trop long
temps par esprit d'imitation; ni l'influence corruptrice de la puissance occulte sous la monarchie révolutionnaire
de 1830. Il suffit de répéter que les masses
populaires dans tous les temps et par
tout pays furent assez dociles imitatrices
de ceux qui eurent mission de les conduire. Quant au physique, tout le monde
sait qu'Alexandre-le-Grand communiqua

son torticolis à son armée, que le ma-
réchal de Saxe en fit autant de sa bosse ;
que Napoléon fit des héros de ses hommes
à courte taille, et que *les voltigeurs de
Louis XIV*, généraux de Louis XVIII,
la loupe à la main, semblaient n'accorder une préférence qu'aux officiers en
lunette ; aussi, était-ce devenu du bon
ton d'état-major, et un signe d'aptitude
d'être myope, de se parer le nez de be-
sicles, et de procéder au tracé d'une ligne
de bataille en dégaînant ses lunettes.

En voilà assez de l'influence du pouvoir
et de la puissance de l'imitation sur le
caractère d'un peuple dont les vertus ne
laisseront pas de se développer et de
s'affermir par une bonne éducation, bien
que la mobilité du caractère national
semble permettre un tempérament de
la gravité républicaine.

Du Caractère National.

En effet, sous la voûte du ciel il ne paraît pas se trouver un peuple plus facile à exalter que le peuple français : c'est là sa vertu et son vice ; touchez son cœur, il vibre aussitôt sous l'impression d'une cordiale sympathie et vous promet un ami à toute épreuve qui vous suit comme un mouton et vous défend comme un lion ; disons même que son dévouement est celui d'un enthousiaste ; vous êtes son idole.

Quoi qu'il en soit, gardez-vous bien de le piquer, ou même de laisser tiédir son enthousiasme, car, il est novateur ; soldat par nature, il vous importe d'occuper tous ses instants, que ce soit à ne rien faire, ou à faire des riens ; son repos absolu serait dangereux, et peut-être, pré-

curseur d'une tempête populaire d'autant
plus à redouter que l'allure de ce peuple-
soldat se prête à toutes les évolutions de
la liberté ; il sait marcher le pas ordi-
naire, le pas accéléré, le pas de route, le
pas gymnastique et le pas de course, et
parfois le pas de charge, voire même, le
pas oblique et le pas en arrière ; de sorte
que, par son extrême mobilité, il se
trouve toujours à la hauteur des éventualités ; tantôt, à l'assaut d'un trône,
il déploie la puissance d'Hercule, et tantôt livré au mobile repos du camp, il joue
au bilboquet, pour, comme il le dit lui-
même, tuer le temps, expression fami-
lière du soldat, qui veut toujours être au
prise, qu'il soit vainqueur ou vaincu.

A vrai dire, tous les peuples ont montré plus ou moins d'élasticité de Caractère, tantôt guerriers et nomades, tan-

tôt pacifiques et sédentaires, tantôt cour-
bés sous le despotisme, tantôt se redres-
sant à la hauteur de la liberté ; tel peuple
aujourd'hui livré au poids et mesure d'un
commerce légal, qui fut jadis moins
porté pour les opérations de comptoir
que pour celles d'une acquisition léonine.
Ainsi, et quoi qu'il en soit du caractère,
soi-disant national, il nous semble qu'il
en est de l'instinct français comme de
l'instinct chinois : élevez le pékin à Paris
et le parisien dans la capitale du Céleste-
Empire ; soumis l'un comme l'autre à la
puissance de l'Éducation, leurs caractères se développeront dans les proportions
et dans l'esprit des institutions civiles et
politiques des deux peuples ; le français
deviendra un excellent chinois et par
compensation de la perte d'un compa-
triote, nous serons heureux de fraterniser

avec le pékin qui, en bon français éprou-
vera tous les sentiments du citoyen de
notre terre classique de liberté, d'égalité
et de fraternité.

Et bien que l'influence des climats, de
leur température, de leurs produits ali-
mentaires, laisse des traces profondes
sur la physiologie des peuples, il ne s'en
suit pas que leurs caractères moraux en
soient également impressionnés. La nature prévoyante, qui ne laisse de coor-
donner les hommes et les choses, veut
que les produits d'un pays soient toujours conformes aux besoins de sa population ; que l'habitant d'un pays froid y
trouve avec une forte nourriture, des sti-
mulans pour activer ses facultés ; que l'habitant du midi, animé par une hâtive et
trop ardente vitalité recueille des substan-
ces également nutritives et calmantes.

Mais, le caractère de chaque peuple,
ses vertus et ses vices, semblent moins
dépendre des particularités atmosphériques d'une zone ou d'une circonscription
plus ou moins étendue et des aliments
qui s'y consomment que des usages in-
troduits sous les auspices d'un patronage
influent ou d'une propagande qu'accueil-
lent avec faveur les institutions gouvernementales. Le temps, ce vieux faucheur,
ne coupe jamais plus sûrement que lorsque les intéressés se prêtent à l'ouvrage
et que la multitude s'enthousiasme de
la nouveauté de la scène. Combien de fois
ai-je entendu répéter des vieux serviteurs
de la vieille monarchie que le changement le plus apparent opéré dans l'espace
de 25 ans, était celui du caractère du
peuple; aussi, quoiqu'en aient dit et re-
dit les chroniqueurs sur la versatilité de

l'esprit français, on nous permettra de croire que le vice signalé et rendu proverbial, tient moins au peuple qu'à ses gouvernans qui ont puissamment contribué à oblitérer jusqu'aux traits caractéristiques, non-seulement des habitans de la capitale, mais de ceux de la France entière. Aussi, d'après le système de bureaucratie centralisatrice, le pays comme tout ce qui est mortel, n'a qu'un seul cœur, point vital d'où rayonnent toutes les lumières de notre civilisation, car Paris en ceignant le bandeau du peuple souverain semble avoir répudié les vertus de la pauvre, vieille et austère Lutèce (1).

(1) J'aime les habitants de Lutèce, disait l'Empereur Julien, parce que leur caractère, comme le mien, est austère et sérieux.

L'Eau bénite de Cour.

Quelle que soit la petite faiblesse que mon cœur ait toujours éprouvée pour le gouvernement d'une monarchie légitime où la voix du peuple se fasse plus hautement entendre que les sollicitations, les chucottemens et les clameurs de la courtisannerie, je dois avouer qu'une République qui a pour devise, ces trois paroles évangéliques : Liberté, Égalité, Fraternité, et qui ne dégénère pas aux mesquines proportions d'une polygarchie irresponsable, peut diriger le vaisseau de l'État aussi bien voilé et lesté qu'un seul timonier qui file ses nœuds sous le vieux pavillon à la devise française : Honneur et patrie !

A vrai dire, la République démocratique a une mer plus difficile à tenir que la monarchie ; elle a à naviguer au milieu des orages que soulèvent les passions humaines ; au milieu des flots d'un peuple habitué à la méfiance, à se défier des plus belles promesses, comme de celles qui datent d'une époque de finesse et de rouerie, où la Cour pour mieux conduire sa barque et la royauté en lisière, intriguait contre la vieille noblesse, les preux chevaliers, aux dépens du trône et du peuple dont ils étaient les soutiens et les défenseurs. Elle leurrait le bon peuple en cajolant les masses populaires par toutes sortes de prévenances, par de belles mais stériles promesses : Delà l'adage trivial, « de l'eau bénite de cour » qui remonte aux ministères Mazarin, Richelieu et Dubois, adroits et puissants courtisans, qui faisaient chanter le peuple, guerroyer la noblesse et déflorer les rosières. De leurs époques de duperie date aussi la petite finesse de bas-étage ; la multitude n'ayant plus l'exemple de la loyauté chevaleresque, a dû tourner son esprit d'imitation vers les chefs de l'État, et ainsi, a appris à dissimuler, à tournoyer, à finasser sous le voile d'un mensonge flatteur (1).

Aussi, dans cette jeune bouche de la

(1) Le mensonge est tellement toléré au village depuis que les tourelles sont abattues, que les enfants mêmes mentent impunément, et en reçoivent moins de reproches que de compliments de leurs bons parents qui croient reconnaître dans une adroite dissimulation un trait de finesse d'esprit qui pronostique avantageusement. Plus d'une fois, je me suis permis de leur demander pourquoi ils permettaient à leurs enfants de mentir, leur faisant observer que la dissimulation n'attire pas la confiance, indispensable à l'individu qui veut prospérer ? La réponse banale fut partout la même : vous avez raison, Monsieur ; mais . . . . Réticence qui révèle la profondeur du vice de l'éducation campagnarde.

jeune France, façonnée à la dissimulation, le oui devient un non, et la néga-
tion une affirmation. La déception et la
tromperie se développant avec les années
dans l'esprit et le cœur des enfants du
peuple, ne laissent pas de prendre des
proportions à déplorer dans l'âge mur ;
et c'est au point, qu'une déclaration
verbale n'a plus rien qui lie un engage-
ment qui ne repose que sur la foi des
contractants, et que toutes les affaires,
même celles de minime intérêt, donnent
lieu ou à un sous-seing, ou à un contrat
devant notaire, ou bien à une audience
devant le juge de paix.

En présence de cette perversion de
l'esprit public, le philosophisme est
survenu drappé dans ses replis doctri-
naires ; il joue de la propagande et déploie les couleurs de l'égalité avec sa

superbe théorie d'abnégation person-
nelle, de famille et de propriété en faveur
de la communauté ; doctrine sophistique quoique rayonnante de lumière
philosophique ; aussi, sortant de la nature et n'aboutissant qu'au cahos, et aux
ténèbres du matérialisme, elle éclaire
moins qu'elle ne charme et illusionne la
multitude avide de nouveautés et toujours bienveillante pour ceux qui lui
font de gracieuses promesses ; qui lui
offrent de *l'eau bénite de Cour* ou des
paroles qui promettent des merveilles !

L'Absolutisme, la Démocratie rouge, la République chrétienne ou française.

Les Rois *absolus* s'envont, dit-on ;
nous devons le désirer parce que nous
sommes chrétiens ; le croire, parce que

le monde s'entend sur les droits de l'homme et que les peuples se remuent ; aussi, nos vœux peuvent se formuler en deux mots : civilisation chrétienne ! et notre foi se fortifier par la prière : « que la volonté de Dieu soit faite !»

Quoi qu'il en soit, on ne saurait se convaincre que la royauté chez nous, Français, soit déchue à tout jamais ; que le peuple émancipé par une éducation achevée, par des lumières suffisantes se trouve appelé par la voix de Dieu ou du peuple, à la souveraineté, ou à se passer de chef suprême ; que le corps de l'Etat décapité par un mouvement d'exaspération, puisse aller d'un pas ferme sans trébucher ; les mobiles dispositions de la multitude démocratique ont beau se réchauffer aux discours chaleureux des orateurs clubistes et soutenir par leur enthousiasme leur verve patriotique, la pensée se replie et retrouve aux bords de l'abîme, non la vieille monarchie absolutiste et décrépite, elle est déjà précipitée ; non, une démocratie sauvage et anti-sociale, car elle est non-seulement précipitée, elle est aussi conspuée par le bon sens et le patriotisme de la nation ; mais une royauté jeune (si on veut me passer le mot en faveur de la chose), une royauté vigoureuse, populaire, une véritable République chrétienne, sympathisant avec tous les battements de cœur d'un peuple ami de l'ordre et de la liberté et dont le sceptre radieux et puissant perpétue l'éclat et la gloire de la vieille France tout en assurant à la France régénérée, un avenir à la fois glorieux et fortuné.

Il y a plus de 18 ans qu'on a cru élever

sur le pavois la personnification de la *meilleure des Républiques* (1) et sans se tenir compte de l'instinct humain, on a édifié une nouvelle monarchie sur le lieu et place de l'ancienne en lui déférant des pouvoirs qui ne devaient appartenir qu'à la réprésentation nationale. En bâclant ainsi le nouvel ordre des choses, on a omis d'appeler à l'œuvre le seul pouvoir compétent constitué par la grâce de Dieu, celui du peuple ; il en est résulté que la monarchie de 1830 avait beau compter sur ses 221 fondateurs, faire jouer tous les ressorts de l'ambition égoïste, s'entourer de bayonnettes et de forteresses, guerroyer par intérêt dynastique (2) : le jour que nos

(1) Scène de l'Hôtel-de-Ville en 1830.
(2) Voir mon *Esquisse de la Puissance occulte*. 1844.

soldats ont cessé de brûler l'amorce, d'enfoncer des *Smalas* ou de faire des *Razias* ils ont dû brûler d'envie de fraterniser aux banquets patriotiques où sous les auspices de l'Égalité, chacun était heureux de payer l'écot de sa souveraineté et d'imiter son valeureux chef dont la conduite semblable à celle du fier Sicambre fut une franche abdication du passé (1).

La Souveraineté du Peuple et les deux pouvoirs.

L'exercice de cette souveraineté se résume par la faculté qu'a chaque citoyen de concourir à la formation des deux pouvoirs constitutifs de la souveraineté nationale :

(1) Voir son adhésion et soumission à la République.

1º Le Pouvoir constituant et législatif, ou l'assemblée des Représentants du Peuple ;

2º Le pouvoir exécutif que le suffrage universel livre au patriotisme éclairé d'un seul citoyen qui nomme ses ministres, ses conseils et ses agents pour effectuer dans toute l'étendue de la République l'exécution des dispositions gouvernementales, judiciaires et administratives.

Le Suffrage universel.

Cependant, beaucoup d'hommes connus par le libéralisme de leurs principes, par leur patriotisme éprouvé, par l'ascendant d'un esprit sérieux désireraient voir des limites moins étendues mises au droit électoral, afin que les individus d'une incapacité reconnue ne prétendissent pas à l'exercice d'un droit qui suppose discernement des vertus civiques, des devoirs politiques et des obligations administratives. Combien, en effet, y a-t-il de ces honnêtes gens qui n'hésitent pas d'accorder leur suffrage au candidat qui réunit à une frivole loquacité, la qualité ou l'apparence de *bon enfant* ou *bon vivant*; ou bien à celui qui, spéculant sur la bonhomie de la multitude préconise jusqu'aux vices qui la rend tributaire d'une ambition qui la cajole !

Les Socialistes ou Communistes.

Personne ignore aujourd'hui que la doctrine des Socialistes ou Communistes réunit tous les éléments de la cajolerie du prolétariat et que la Société conduite par elle sur le bord de l'abîme n'eût

succombé avec les droits imprescriptibles
de famille et de propriété sans le doigt
de Dieu qui désignât aux vrais patriotes
les bannières de la patrie, le poste d'honneur, le devoir de toutes les ames ani-
mées de l'amour sacré de la civilisation
chrétienne.

C'est en effet, par cet amour que les
partis s'entendent, se réunissent, se con-
fondent ; les hommes d'anarchie seuls
militent à part et complotent la destruc-
tion de la chose commune, et toujours
sous le masque d'une cauteleuse philanthropie qui ne laisse cependant que de
mal déguiser le fond de leurs intrigues
et la tendance de leurs menées ; ne sup-
posons donc pas que l'on puisse être
assez niais pour révoquer en doute
l'existence d'une conspiration, non pas
occulte, mais ostensible, manifeste,

flagrante ; complot grandiose qui ne date pas d'aujourd'hui, qui a sa racine dans le passé, qui s'abrite sous les généreux rameaux de la Liberté. Et bien que ce complot vienne de loin, qu'il ait été renforcé par les encyclopédistes et nourri par la propagande révolutionnaire, c'est néanmoins à 93 qu'il doit la consistance d'un corps palpable ; d'un fantôme il est devenu matériel et d'un spectre chimérique, il se fait déjà remarquer avec des proportions et dans une attitude à redouter. C'est d'autant plus vrai que tout l'éclat de l'Empire ne l'a pas offusqué ; la conspiration déjà aguerrie marchait et campait avec les colonnes d'attaque du génie militaire, et avec elles se repliait en semant, toutefois, le germe d'une philosophie subversive des vieilles institutions sociales. A la restauration de la monarchie et sous la protection de la charte octroyée, il lève fièrement la tête, s'agrandit et fait un pas de plus; mais un pas de géant ! La monarchie de 1830 le salue, fraternise avec, entonne à l'unisson de la voix du carrefour, les chants populaires et cajole le prolétariat; puis, retire la main de l'égalité et l'offre fraternellement à des affidés dynastiques, mais la multitude qui peut errer par un mouvement de franchise, ne pardonne pas à une tiédeur qui sent l'injure, et usant de représailles, retire ses *vivats* qui, d'habitude, ne se donnent qu'à ceux qui la flattent; aussi, la royauté cadette sans prendre aucune disposition de défense, recule devant la fortune persévérante de la vieille conspiration socialiste ; elle a disparu et par sa retraite, elle a encouragé les efforts des révolutionnaires.

qui viennent encore de gagner du terrain,
une nouvelle victoire, qui vaut au peuple
si non le bonheur, du moins le pouvoir
souverain, réduit toutefois à la puissance
d'électeur ; faculté qui rapproche néanmoins la conspiration de son but, et qui
fait redire au villageois son vieux proverbe : « qui vivra, verra. » Oui, qui
vivra verra que les doctrines du Babou-
visme, de Thomas Morus, d'Owen, de
Saint-Simon, et de Cabet, voire même
de tous ces autres philosophes de la ligue
pharisaïque, qui alimentent de communisme les rêveries fébriles des corpora-
tions industrielles, qui les poussent aux
paroxismes du délire, ne finiront que
par la catastrophe du corps social, si une
initiative éclairée, ferme et efficace ne
s'oppose aux horreurs du cahos et ne
dissipe les ténèbres qui menacent le

vaste horizon de la vieille Europe, qui
semble déjà, osons le dire, craquer sous
les efforts du levier révolutionnaire et
aux acclamations des malheureux in-
sensés qui ne se doutent pas qu'ils doivent
être, eux-mêmes, victimes ; qu'ils doivent être les premiers engloutis sous
les ruines d'un monde renversé !

A vrai dire, le bouleversement de
l'ordre social promet un spectacle d'horreur qui fascine les esprits subalternes ;
la foule ne détourne pas ses regards de
la scène la plus affreuse et la perspective
qui semblerait épouvanter la nature
même, ne présenterait pas moins des
attraits pour la populace. C'est cette
disposition en faveur du monstrueux
qui fournit aux orateurs populaires les
trésors de leur riche répertoire; car, ils
n'ignorent pas que pour entretenir les

masses il faut du merveilleux, il faut encore du merveilleux et toujours de ce merveilleux qui ne laisse jamais que de charmer le noble cœur de la crédule multitude.

La crédulité de la multitude.

On ne se dissimule pas que la crédulité ne soit l'honnête vice des honnêtes gens qui se portent en foule et se pressent en masse serrée autour les orateurs clubistes et des banquets patriotiques ou réformistes, qui saluent de leurs acclamations enthousiastes ; le *vox, latera, ovis dignitas* de leurs héros, ne se doutant pas que leur but est le renversement de l'édifice social aux frais du peuple, rééédifiera qui pourra !

Pouvons-nous incriminer ce but? Je m'abstiendrai de l'affirmative dès que

je serai convaincu que les orateurs pour-
ront réaliser en faveur de la multitude
le superbe bien-être que leur philanthropie conçoit et promet ; mais je n'abattrai
pas le palais qui abrite la chaumière tant
qu'il me reste à savoir si le nouvel ordre
social, projeté en l'air, est moins conforme aux besoins et aux instincts de la
Terre qu'à ceux de la Lune, dont l'influence ici-bas semble agir puissamment
sur l'organe intellectuel, et exaltant
l'esprit des hommes, soi-disant à longue
vue, leur soumet les myopes dont la
perspective bornée sera toujours celle
des illusionnés, bien que fiers de leur
souveraineté, ils ne porteront pas moins
une couronne d'épines.

Le républicanisme jugé par le suffrage universel. — Popularité de la monarchie en France.

Or, est-elle républicaine cette multitude qui s'énivre des prestiges d'un nom qui rappelle moins les allures de la liberté que celles des colonnes d'attaque d'un héros qui devait tout perdre hors la gloire et l'immortalité et dont l'esprit d'absolutisme militaire pour être martial n'en était pas pour cela en harmonie avec les vœux du pays ou conforme aux principes religieux, politiques et gouvernementaux de la vieille monarchie française qui a toujours reconnu, par la grâce de Dieu, les droits du peuple ; monarchie très chrétienne, qui ne laissa pas de marcher en tête des progrès de l'humanité et présider aux destinées d'un peuple libre sans licence, et sous les auspices

d'une égalité rationnelle, uni par les
saints liens de la fraternité évangélique
en déployant son vieux drapeau, symbole
immaculé qui ne souffrait pas dans une
même patrie toutes les couleurs de partis
discordants; aussi ne dirait-on pas à
la popularité des rois de France et à la
majesté du peuple, qu'ils se partageas-
sent la souveraineté de l'empire; ou que
la monarchie ne fût que l'égide de la
république jusqu'à ce qu'une démagogie
révolutionnaire ait circonvenu cette
cordiale entente et dévoyé la marche
fortunée du bien public.

L'exercice de la souveraineté au hameau

Qu'oi qu'il en soit, saluons ce dernier
décret de la providence qui sort, par la
grâce de Dieu, de l'urne du suffrage

universel et qui nous offre un régime
républicain conforme aux vœux du pays,
embrassant et la gloire nationale et l'é-
conomie administrative, et dont le bilan
exhibant l'actif et le passif de nos finan-
ces, se déploie *sans rature ni surcharge*
aux regards du peuple dont les sympathies seront toujours acquises au gouvernement à *bon marché,* ou dont les chiffres
alignés présentent l'harmonie administrative d'un bon père de famille ; gouvernement qui réalise enfin, à quelque chose
près, les vœux de la vieille dynastie de
nos rois, qui aspiraient en vain à garantir
au villageois, non seulement *la poule au
pot,* mais encore toutes les joies qui
émanent du bonheur au hameau.

Succès du génie national

Nous pouvons donc nous réjouir de ce que le Génie national n'a pas dégénéré sous la pression de la politique de Machiavel ; que la main qui a employé le régime corrupteur s'est inoculé son occulte et mordant virus ; que le peuple quoique livré à un accès de fièvre, s'est précipité d'un seul bond du fond d'un abîme creusé par une égoïste ambition, jusqu'à la hauteur de l'immortelle colonne qui retrace la gloire de l'empire se conciliant avec les libertés républicaines qui font justice non-seulement des manigances corruptrices mais encore des prétentions anarchiques, subversives de l'ordre public et privé.

Un régime républicain au gré du campagnard - Le despotisme ; le prolétaire dupé.

Toutefois, il ne nous appartient pas après le succès dans la lutte électorale de devenir ni l'encenseur de la nouvelle Idole, ni l'humble thuriféraire de ceux qui l'approchent; il doit nous suffire à nous gens de la campagne qui sommes peu courtisans des dispensateurs des grâces et faveurs, de saluer avec déférence la meilleure des Républiques; celle qui chausse le cothurne monarchique, qui s'entoure de tous les attributs d'une justice puissante, qui nous maintient à égale distance des deux plus grands fléaux de l'humanité, le despotisme d'en haut et le despotisme d'en bas : le premier qui nous pressure d'impôts; qui détourne les capitaux de nos sillons, par des procédés vexatoires, par des attaques spoliatrices dirigées contre la fortune privée, contre les revenus des capitalistes, comme si le paysan en définitive n'avait rien de commun avec la bête de somme qui tend le dos, qui supporte le poids ou fléchit sous la charge. Le second, qui nous afflige autant qu'il nous révolte par les prétentions aussi exagérées que niaises de ces bonnes gens du prolétariat, foncièrement bons en effet, mais qui deviennent à la fois impérieux et despotiques en déployant les bannières de la liberté sous l'impression des doctrines anarchiques qui les font chômer, qui les tiennent en grève, qui surexcitent et enflent leur cœur naturellement généreux, bien que leurs instincts soient toujours passionnés, au point qu'ils n'écoutent ni la voix de la vieille expérience, ni les suggestions d'une raison éclairée, qui réprouvent tout esprit révolutionnaire qui tend moins au bien-être de la société, qu'au renversement de l'édifice social au profit de quelques ambitieux qui croient exploiter l'ardeur patriotique des prolétaires ; et en les dupant, dominer leurs concitoyens en s'élevant sur les décombres du monument renversé.

Puissance de la foi instinctive du hameau.

Quoi qu'il en soit de l'attentat du génie du communisme et des efforts de ses orateurs, la France est sauvée, advienne ce que pourra ; les hameaux ont sauvé les villes ; les bouviers, les riches fabriques ; l'humble foi de nos campagnes a précipité la superbe philosophie novatrice dans la vieille ornière de la route royale (1). Enfin, le scrutin du suffrage universel qui vient de conférer l'autorité suprême avec les honneurs de premier dignitaire de l'État, est une réponse catégorique à tous les discoureurs de tous les partis qui se piquaient d'adresse et de popularité ; et cette démonstration décisive du peuple campagnard, faisant justice des prétentions des hommes de toutes les couleurs, exprime une volonté vraiment nationale ; celle de rallier toutes les opinions à une homogénéité patriotique, afin de ne voir en France qu'une seule couleur qui exclut toutes les nuances disparates et qui, comme le drapeau de nos pères, demeure sans tache.

Dans cette circonstance, le peuple,

(1) Cette expression quoique un anachronisme est encore employée à la campagne.

dit-on, n'a pas été prudent, n'a pas été
polítique dans le choix de son premier
mandataire, soit ; nous avouons que ce
nouveau souverain est encore enfant,
mais un enfant qui promet de l'avenir ;
car, jeune qu'il est, il a su montrer des
dispositions heureuses, du cœur, un
caractère d'homme, et prenant l'initiative
de sa puissante souveraineté, il a su con-
fondre l'intrigue électorale en coupant le
nœud gordien, et en bourrant ses urnes
d'un nom qu'il croyait propre à foudroyer
toutes les prétentions hostiles aux vœux
des honnêtes gens, subversives de la
stabilité du pays et contraires à la marche régulière des affaires.

A l'esprit des anarchistes un *nom* est
peu de chose ; il est estimé à plus de
valeur par les humbles d'esprit, par les
bonnes gens, peu socialistes, qui tiennent

à la sainte tradition de famille, qui
prisent la légitimité d'un patrimoine ;
et telle est l'appréciation d'un nom
d'après l'instinct du campagnard qu'il
le salue comme un gage de sécurité,
seule fin à laquelle aspirent ses désirs
agrestes, car, il ne peut semer que sur
un fonds dont l'immutabilité et permanence promettent une heureuse récolte ;
homme positif, le campagnard se livre à
regret aux incertitudes des expériences ;
aussi est-il peu épris des *belles horreurs*
qui charment et fascinent des regards
romantiques ; il préférera toujours un
temps propice à ses troupeaux et à ses
travaux journaliers aux plus belles scènes
atmosphériques de tempêtes et d'oura-
gans ; et le paisible ruisseau qui serpente
tranquillement à travers ses vertes
prairies aura pour lui un prix et des

attraits que n'auront jamais les plus
superbes torrents qui se précipitent en
cascades de ces hautes régions, voisines
des étoiles qui semblent absorber les
rêveries philanthropiques des intelli-
gences supérieures. Aussi, dans l'exercice
de sa souveraineté, le paysan ne s'est
guère occupé de l'élection présidentielle
sous le point de vue politique ; pour lui
la vraie politique se résume dans l'intérêt de son clocher, et son vote instinctif
a été acquis à un nom qui promettait
guerre aux anarchistes, aux utopistes et
à ceux qui prétendent que la trilogie
démocratique, Liberté, Egalité, Fraternité, est plus conforme aux vœux de
l'humanité que le dogme de la vieille
France très-chrétienne : « Ne fais pas à
autrui ce que tu ne voudrais pas qu'il
te fît. »

La Sécurité du Campagnard. Le gros et le petit capitaliste.

Sous la puissance protectrice de ce dogme là chaumière est à la fois abritée et sauvegardée ; le tranquille bouvier se repose sans inquiétude, et avec l'astre du jour se lève radieux et libre n'ayant d'autre frein que celui imposé par l'ordre général et par les lois de la douce bienfaisance : voilà la Liberté, et la Fraternité ; et quant à l'importance de ses travaux, elle rend l'homme des champs au moins l'égal de ceux qu'il nourrit et par là, justifie la considéra- tion qui lui est acquise et les bienveil- lantes dispositions du gouvernement pour aider ses efforts et féconder son industrie.

C'est là en effet, assurer l'avenir de l'agriculteur dont la profession tend à

sortir de la vieille ornière et à marcher
en avant sur la voie du progrès, sous
les auspices de l'enseignement profes-
sionnel et des avances faites, non à des
mains dissipatrices, ou à des entreprises
hasardeuses, mais à l'immeuble foncier
qui offre la certitude d'un produit qui
réalise les espérances de l'emprunteur,
et qui augmente par sa prospérité la
garantie hypothécaire du capitaliste dont
la fortune mobilière se livrant aux
travaux de la campagne, ajoute non
seulement à la fortune privée, mais
encore à la richesse publique en réchauf-
fant la vie de l'industrie agricole, en
aidant ses travaux d'endiguement, de
dessèchement, de défrichement, de
reboisement, de clôture, d'amende-
ment et d'irrigation ; en régularisant les
cours d'eau ; en augmentant les bestiaux,

les bâtisses d'exploitation ; en réalisant
enfin toutes les prévisions qui concourent
par l'amélioration du fonds à la sécurité
de l'agronome et des agriculteurs.

C'est surtout le petit capitaliste, dont
les sympathies prévenant les besoins de
la petite agriculture, qui vient le plus
souvent au secours du cultivateur.
Aspirant moins à grossir ses revenus
qu'à les conserver, à vivre plutôt en
honnête homme qu'en homme à la mode,
il est accueilli au village comme une
providence qui verse sur la campagne
la rosée de la bienfaisance. Et cependant,
des spéculateurs plus consciencieux que
bien avisés, ou des hommes difficiles à
qualifier avec l'indulgence de l'euphémisme, professant des doctrines spé-
cieuses et acclamées par la multitude,
ne cessent de se prononcer hardiment

contre la fortune mobilière, comme si
de longues années d'une honorable
industrie patentée, ou de sages réserves
opérées sur le traitement d'un emploi
public n'avaient pas acquis une légitime
franchise d'impôts. Veulent-ils en faveur
de leur trouvaille, de leur projet finan-
cier, usurper sur des droits sacrés,
amoindrir le nécessaire, paralyser une
main bienfaitrice, gréver la chaumière?
Veulent-ils détourner le ruisseau de la
prairie, épuiser le fonds qui produit le
blé, réduire nos champs à l'état de friche
et s'opposant à la fraternelle entente de
l'homme aisé avec le cultivateur gêné,
agglomérer par une philanthropie fiscale
nos campagnards sur les pavés de nos
cités, comme si les prolétaires urbains
ne suffisaient pas à la réalisation de leurs
vœux patriotiques.

Le droit au travail.

Laissez circuler les capitaux dans les campagnes, ne les terrifiez pas par des menaces fiscales ; comme tout ce que l'humanité convoite, ils ont leurs vertus et leurs vices. Et bien qu'ils aient la réputation d'être essentiellement poltrons, ils ne laissent pas d'être toujours non seulement les grands nerfs de la guerre, mais aussi les médiateurs les plus insinuants de la paix ; ne les forcez donc pas à s'enfuire, à se cacher ; ou à se dérober à l'industrie agricole ; ni enfin, à franchir les limites de la patrie pour se reproduire chez l'étranger qui ne demande pas mieux que d'exercer à leur égard le prévenant accueil de l'hospitalité.

Les capitaux ne vivent que par un

mouvement perpétuel, et sans cette activité, puissance génératrice de la reproduction, ils restent non seulement oisifs, mais frappés de stérilité. Ils meurent d'épuisement, ou échappent incessamment des mains des possesseurs au grand préjudice de la culture des champs et des travaux de la campagne.

Or, la campagne accueillant tous les bras d'ouvriers des grands centres de populations, peut se comparer à un vaste atelier, national par excellence, où le *droit au travail* est acquis à la liberté individuelle, en se conformant aux lois et règlements sur la police.

En effet, qui est libre peut travailler ou chômer ; l'option lui appartient ; c'est son droit ; le droit de l'ouvrier, qu'il soit citadin ou villageois.

L'état ne peut forcer un citoyen à se

mettre à l'ouvrage ; cette exigence serait une imposition extra-légale où il n'y a pas contrat ; aussi, le sens commun ne saurait admettre que l'ouvrier jouissant de son *libre arbitre,* puisse exiger que l'état se constitue fabricant ou entrepreneur, et à ce titre lui fournisse du travail. Le pouvoir souverain, et encore moins l'administration, ne peut créer des dépenses ou compromettre le trésor de la République pour satisfaire de laborieuses prétentions, voire même, les prétentions de ceux qui se recommandent par le bon vouloir ou le désir de faire honneur à leur profession sous les auspices du vieux proverbe : « Il n'y a pas de sot métier : Il n'y a que de sottes gens. »

Le choix d'un Etat.

Quoi qu'il en soit, il résulte de la position critique où se trouve la classe ouvrière à des époques malheureuses, infirmes, et à déplorer, qu'il importe aux chefs de famille et aux jeunes gens qui veulent se redresser devant les éventualités, et marcher librement, de faire un bon choix d'une profession ; car, enfin, il s'en trouve qui dominent les circonstances et cheminent en temps orageux comme sous un vent propice aux produits de l'industrie, qui jouissent d'une vogue immanquable, par cela même qu'elles s'exercent pour subvenir aux besoins de l'existence humaine ; il s'en trouve d'autres qui prospèrent par des créations ou productions d'une nécessité relative ; on trouve également des objets d'industrie qui tirent leur importance d'un débit non interrompu par nos relations commerciales avec des régions lointaines ; répétons que c'est aux intéressés à choisir l'état qui offre le plus de chances de succès, que c'est aux prudentes sollicitudes des parents qu'appartient l'initiative d'un choix qui promettra un avenir d'autant plus prospère que son appréciation sera moins précipitée ou livrée à l'insouciance ou à l'irréflexion.

Et bien que les dispositions naturelles d'un jeune homme puissent mériter une grande considération, et faciliter la recherche d'une profession convenable, le rapport de la production avec la consommation aussi bien que l'appréciation de la concurrence qu'on a à redouter dans le choix d'un état, ne paraîtront pas moins à considérer, devant conduire l'esprit des citoyens à la place et à l'emploi que chacun peut occuper avec avantage et pour soi et pour la République.

L'entraînement et la fatalité.

Qui réfléchit bien sur le premier pas de la vie n'a pas à craindre les subséquentes démarches ; et bien que l'on soit engagé sur une pente rapide et glissante, on y chemine avec une prudente retenue par l'impression acquise dès le point de départ. En effet, on y est tellement maître de soi qu'on n'a pas à redouter ni la puissance de l'attraction, ni le leurre de l'embauchage, ni même l'entraînement d'une fascination qui capte la volonté et paralyse les efforts d'une légitime résistance.

Et bien que les prévisions les plus sensées puissent quelquefois payer le tribut des conceptions humaines et s'en prendre du mécompte à une déplorable fatalité, il n'en est pas moins vrai qu'au fond de la conscience de chaque individu, il y a le plus souvent une petite fibre qui résonne sur le ton du doute, et qui justifie moins une présomption dévoyée, qu'il ne fait entendre la plaintive voix du remords et ses actes de contrition.

Combien y a-t-il des hommes consciencieux qui, échauffés par la verve d'un génie subversif ou par l'ardeur d'une trop magnifique conception, des esprits suintant le salpêtre, de véritables foudres de guerre civile, qui se sont laissé entraîner vers l'abîme et qui regrettent sincèrement aujourd'hui d'avoir été trop faciles à l'amorce ; d'avoir

servi d'arme passive à une active ambition qui a su travestir la faiblesse de la
populace en puissance souveraine pour
complaire à une sotte vanité au risque
d'expier l'équipée comme il en est arrivé
jadis dans un pays fabuleux au plus sobre
des laborieux amis du bon-père Jean,
le meunier qui, renseigné par des pièces
de conviction non équivoques a dû faire
justice d'une majesté déchue, en conser-
vant à son âne toutes les sollicitudes que
comporte le droit au travail.

Le mandataire du Campagnard.

Ce ne sera jamais le sobre campagnard
qui se laissera leurrer par les charmes
d'une loquacité facile ; tenant au patois
de son clocher, il fait peu de cas d'un
langage classique, de la faculté de bien
dire ; homme matériel, très positif, il ne

veut livrer son mandat que sur bonne garantie ; aussi, juge-t-il les hommes par leurs œuvres et non par leurs paroles. Si je me présente à son suffrage, il s'inquiète moins de mes promesses et de mon débit comme postulant, que de mon savoir-faire ; très curieux de son naturel, il est avide de chroniques; aussi, veut-il avoir quelques données non-seulement sur ma fortune et sur ma position sociale, mais encore sur leurs origines ; si elles sont les fruits d'un honorable *savoir-faire,* je puis compter sur ses sympathies; si elles reposent sur des titres patrimoniaux elles seront également accueillies comme de bon aloi, pourvu qu'elles n'aient pas été ébréchées par une conduite sujette à caution ; bien qu'il ne déplore pas un esprit de dissipation chez son voisin, qu'il puisse se réjouir

au contraire d'une prodigalité qui permet
de s'agrandir ou d'arrondir son champ,
il n'en sera pas de même des largesses
inconsidérées et des folles dépenses du
citoyen qui aspire à la charge de mandataire du peuple ; car l'agreste instinct
du campagnard ne s'éloignant pas du
sens commun le conduit à une induction,
si non juste, du moins spécieuse, en
contemplant le désordre des affaires
propres du postulant.

Plus aristocrate que socialiste le bon
paysan n'accorde son mandat qu'au pro-
lecteur de la propriété et de la famille,
car il affectionne son champ, sa charrue,
ses bœufs dont il partage les travaux, et
n'est heureux qu'au foyer de la chaumière auprès de sa femme, bonne ménagère, et entouré de ses enfants, gros
joufflus, dont il vit des caresses qui lient

son existence actuelle à l'immortalité de l'avenir.

Le clocher du village. - Les rivalités.

Le villageois ou l'homme des champs, c'est l'homme du pays, par excellence ; aussi, ses bonnes qualités n'excluent pas ses défauts ; sa jeunesse est, à la fois, ardente et sensuelle ; sa prévision, nulle : très vaniteux et peu · fier, il sacrifie l'avenir au présent, galoppe à grand train sur la frivolité et le plus souvent arrivant au gîte de la vieillesse, il se livre sans répugnance à la servile mendicité.

Or, comment concilier les sentiments de la gloire avec cette puérile vanité qu'il ne cesse pas d'éprouver au même degré de sensibilité, si ce n'est par l'ac-

tion de deux fibres parallèles qui aboutissent au cœur et qui lui donnent des
impressions nobles, généreuses, patriotiques aussi bien que des sensations frivoles, infimes, désordonnées. Toujours
est-il qu'ayant passé de nombreuses
années parmi les braves défenseurs de
la gloire nationale (pour parler le langage de l'époque), j'ai pu acquérir la
certitude de la valeur instinctive de l'enfant du village, et m'assurer que chez
lui, ce n'est ni le drapeau, ni l'habit qui
fait le soldat : qu'il change l'un et l'autre
comme il se déferait d'un objet de rebut,
et qu'il tient même aussi peu aux
hommes qu'aux choses. Et cependant, il
tient à son pays. Mais, cette patrie qui
lui est si chère ne s'étend pas au-delà de
l'ombre de son clocher ; là le villageois
retrouve son pays et le soldat-citoyen le

drapeau qu'il affectionne : vice d'éducation, avouons-le, puisqu'il confine les nobles sentiments d'une patriotique confraternité dans les bornes étroites d'une obscure localité ; qu'il s'oppose à une fraternelle homogénéité de la population française ; à un ensemble national d'un grand peuple ; qu'il entretient la désunion par de puériles rivalités qui, engendrées au village s'étendent de clocher en clocher jusqu'aux tours de Notre-Dame.

L'Émulation.

Ne confondons pas cette mesquine rivalité avec la noble émulation, fille aînée de la vertu républicaine et de l'honneur monarchique et à laquelle nous devons la glorieuse civilisation qui fait progresser l'esprit humain sous les bannières de la gloire et du christianisme.

Aussi, nous aimons à contempler cette noble fille, livrée à son culte, et s'éver-tuant à perpétuer par un zèle hérédi-taire pour le bien public et le bonheur privé, son respect pour la loi et son amour de l'ordre. Nous aimons à applau-dir à son empressement de se trouver la première sur la voie du progrès, à ré-chauffer la tiédeur des uns par la chaleur de son enthousiasme, à stimuler l'apathie insouciante des autres ou à réveiller le génie national, alors que la patrie est en souffrance.

Que l'anarchie débouchant de nos cités menace nos campagnes; que, con-duite par la discorde, elle brandisse ses torches incendiaires; que l'hypocrisie couvre son front hideux des traits des vertus civiques, l'Émulation ne prendra pas le change; mais, guidée par le bon

droit, animée par le vrai patriotisme,
elle se dévouera à l'ordre public, ralliera
les bons citoyens qui, excités par un
noble dévoûment, resserreront les nœuds
d'une alliance sainte et sauvera la fortune
du pays au nom de la liberté légale, de
l'égalité évangélique, et de la fraternité
chrétienne.

La Calomnie, vice révolutionnaire - le calomniateur jugé par le bon homme Jacques, le villageois

C'est surtout aux époques de malaise
général que nous devons être indulgens
pour tous les hommes consciencieux,
quelles que soient leurs opinions politiques, afin de pouvoir aspirer à une réciprocité de bienveillance ; et nous osons
étendre cette bénignité patriotique à
ceux mêmes dont l'âme infime justifie

leur dégradation morale ; car enfin, le corps de l'état étant vicié, il se trouve des individus qui ressentent l'influence de son infirmité et comme l'hydrophobe, ils mordent à tout ce qui se présente à leurs dents envénimées et ainsi propagent leur rage en multipliant leurs morsures.

La Calomnie étant le vice le plus infecté de ce cruel venin qui entretient le désordre de la chose publique, il appartient aux honnêtes gens, aux bons citoyens de l'attaquer au vif, afin de ramener, s'il se peut, l'ordre social à son état normal.

Or, comment extirper le principe du mal sans élargir la plaie par le *summum jus ;* sans la recherche du calomniateur, ce qui pourrait occasionner la *summa injuria,* non moins à déplorer? un moyen plus juste, moins dangereux et plus efficace, serait, il nous semble, de relever la réputation du calomnié à la hauteur d'une vertu qui marque sa place parmi les emplois publics, et sans autre preuve du fait qui lui aura été imputé, que sa manifestation par la clameur publique. En agissant ainsi à son égard, l'état acquiert un serviteur dévoué et un homme capable ; car, il est rare et très rare, qu'un homme calomnié ne soit pas un homme de mérite : les pygmées s'inquiètent peu de la débile puissance d'un nain, tandis que leur envieuse ambition s'évertue à renverser un géant.

En outre, cette disposition en faveur de la victime, ferait immanquablement reculer la calomnie, le calomniateur n'ayant plus la ressource de sa lâcheté pour dénigrer l'honnête homme, le citoyen vertueux, qu'il soit républicain de *la veille, du jour* ou *du lendemain.*

Quoi qu'il en soit de notre proposition de nos vœux pour la restauration des vieilles mœurs de la vieille France, s'il nous est permis de sonder le cœur du calomniateur et d'y retrouver une seule fibre qui ne soit pas encore viciée, nous osons espérer une réaction salutaire ; et par l'effet d'une pression •heureuse, lui faire sentir le danger de l'arme dont il se sert ; arme dont le recul est plus dangereux que le coup qu'elle porte ; puisque par sa répercussion , le calomniateur tombe dans l'esprit public plus bas que le calomnié, qui ne tarde pas à se relever appuyé sur une justification qui le dégage, tandis que le calomniateur reste étouffé sous la charge de son infamie. Telle est du reste, l'appréciation du bonhomme Jacques, le villageois, dont le raisonnement quoique entaché d'une

trop agreste simplicité, n'en est pas
moins concluant ; aussi, cette vérité
consolante sera toujours avouée par le
sens instinctif, par la bonne foi et par le
cœur du campagnard dont la serpe ne
taille jamais plus à propos que lorsqu'elle
dégage la tige qui promet, des cruelles
étreintes des ronces et des parasites qui
dessèchent et empoisonnent la plus belle
nature.

Les Ultra-Prudents.

Il se trouve encore d'autres individus
plus avisés que les misérables calomnia-
teurs, et que je crois pouvoir qualifier
du nom d'*Ultra-Prudents*, pour ne pas
blesser, par une violation des lois de
l'euphémisme, la chasteté des oreilles de
ces hommes à redoutable prudence.

Ces braves gens aux allures équivoques qui ne cessent pas d'avancer dans les révolutions au pas oblique, ou en opérant une charge à l'écrevisse, comme dirait notre ami Jacques, sont réellement à peindre lorsque le courrier, arrivant haletant de la capitale comme jadis Laocoon est arrivé tout essoufflé de la citadelle, et qu'il annonce le sinistre d'une nouvelle prise d'armes.

Il ne faut pas croire, cependant, que leur physionomie aît la morne pâleur d'une face abandonnée par un sang poltron qui se précipite en arrière, qui se sauve au chef-lieu(1); non; car ils ont la figure animée par l'événement, et le courage de leur rôle; ils poussent bravement un *Oh!* ou un *Ah!* diplomatique,

(1) Voir la théorie sur la circulation du sang.

en faisant la grande bouche d'un béant
étonnement, ou en faisant la moue, la
bouche arrondie, les lèvres allongées en
bec de soufflet ; aussi, soufflent-ils sur
les nouvelles, comme font les joufflus du
village sur la tubercule de Parmentier ;
mais, à vrai dire, moins pour attiédir les
esprits, que pour les réchauffer au degré
de rouge sanguin. Ils se gardent bien de
modérer par une initiative pacifique
l'effervescence de la multitude qui se
moutonne sous le vent d'un orage, ou
de compromettre leur prudence par une
manifestation trop hâtive; il leur importe
de ménager, avec la perspicacité du
vicaire de Bray, leurs intérêts dans tous
les partis(1); leur popularité du côté de

(1) Le vicaire de Bray, ami de Charles II, de
Cromwel, et de Jacques II, catholique et protes-

la populace et leur crédit du côté du
pouvoir officiel ; car, il leur faut, advienne
ce que pourra, conserver et aspirer ; ce
qui suppose l'union d'un tact fin et d'une
conscience facile ; ou comme dit Pascal
« Il leur faut une pensée de derrière,
afin de juger du tout par là, en parlant
cependant comme le peuple, ou le parti
victorieux. » En effet, qui a traversé une
révolution populaire sait pertinemment
que le langage le plus sophistique est
couronné de *vivats* et de *bravos* pourvu
que, comme le miroir de la coquette, il
réfléchisse, non des défauts apparents,
mais des charmes illusoires qui caressent
la sensualité, les passions, l'amour
propre, etc.

Toutefois, nous ne ferons pas l'injure

tant alternativement, il conserva toujours sa
paroisse

aux bons campagnards de leur supposer
un sens instinctif qui ne soit pas à la
hauteur d'un beau langage, renforcé
même d'une puissance auxiliaire, d'une
judicieuse arrière - pensée ; laquelle,
comme la poire de secours, n'est jamais
de trop au moment de la soif. Des paroles
exquises peuvent produire de l'effet chez
les badauds de nos cités populeuses, où
les impasses se multiplient comme mo-
yens répressifs de police ; mais à la campagne où l'homme et la nature s'entendent et se gardent de compromettre la
majesté d'un peuple libre, honnête et
laborieux, la ruse a mauvais jeu : ce ne
sont pas les discours étudiés, ni les
harangues avisées, ni les locutions
captieuses, ni les réticences de l'équi-
voque et de l'arrière-pensée d'un ultra
prudent qui conduiront notre ami Jac-

ques Bonhomme dans un cul-de-sac ;
chez lui, c'est le langage de la nature
amie de l'ordre ; c'est l'expression d'un
esprit droit et d'un cœur chaud, qui verse
la lumière dans l'âme et dispose par une
noble ardeur, tous les ressorts du patriotisme, et qui déroute enfin toutes les
manœuvres révolutionnaires.

Une séance politique au cabaret.

Nous ne pouvons nous dissimuler que
les gens de la campagne ne soient sus-
ceptibles de faire des progrès en politique
et que leur instinct ne soit pas aussi
grossier qu'on veut bien le croire, car
leurs discussions d'auberges et de cabarets attestent qu'ils ont l'esprit curieux
et scrutateur, qu'ils veulent savoir plus
qu'ils ne savent, aussi, leurs réparties
quoique empreintes de la rudesse d'une

nature en friche ne révèlent pas moins
de l'intelligence. Le grand Bossuet a
défini la politique : « l'Art de rendre la
vie commode et les peuples heureux. »
Le bûcheron vous dira en français ou en
patois peut-être que c'est l'art de gou-
verner les hommes et les choses et de
tailler à propos.

C'est en effet, dans ce sens-là que
dernièrement un bon paysan accoudé à
une table d'auberge a répondu à un ca-
marade qui entreprit la politique en se
livrant à la loquacité d'une vapeur ba-
billarde, et moins propre à calmer les
sens qu'à les réveiller ; à les surexciter
au-delà des bornes qui séparent une sage
discussion d'une querelle d'Allemand.
Aussi, sous l'impression d'un vacarme
bacchique les bouteilles et les flacons, les
assiettes et les salières ne tardent pas à

se révolutionner et volant avec un funeste
éclat, leurs débris quadruplent l'écot de
nos hommes d'état qui, revenus au *statu
quo* d'une cordiale entente, ont reconnu
que les avantages d'une révolution ne
profitent guère aux combattans ; que les
réunions populaires n'aboutissent qu'aux
intérêts des cabaretiers et consorts, et
que le bon peuple évente par trop son
esprit, pour ne pas en devenir sot.

En effet, les physiologistes lui recon-
naissent trop de voile et pas assez de lest
pour naviguer en temps d'orage ; une
aiguille aimantée trop sujette à varier
pour que le moindre hochement de bous-
sole ne soit préjudiciable au chemine-
ment et ne fasse perdre la tramontane.
Tout comme le marin téméraire qui
s'aventure, ne retrouve le port du salut
qu'en subissant de fâcheuses avaries, de

même ceux qui se livrent aux discussions orageuses de cabarets, risquent de rejoindre la ménagère avec moins d'épargnes que de contusions, de plaies et de bosses, effet fâcheux et habituel du puissant stimulant de la haute politique sur les bonnes gens qui veulent s'élever à perte de vue dans les régions d'une suprême souveraineté. Aussi, devons-nous admettre que le vin chez un peuple naturellement pétulant, aide moins au développement de l'esprit qu'il ne le trouble en agissant sur le cœur dont l'extrême activité ne laisse pas de rompre l'équilibre de la machine humaine, au point que le chef se précipite au niveau des membres qui pataugent, et que le sens commun devient victime de la chûte.

Il n'est pas moins à remarquer que

les cabarets où la consommation se fait en bière sont toujours moins orageux que ceux où elle a lieu en vin ; que l'ivresse chez nos voisins du nord n'a pas le caractère de l'ivresse chez nous ; que l'Anglais surpris au confortable, par une liqueur traîtresse, lâche sa coupe, s'affaisse et s'endort comme une âme tranquille (1); tandis que le Français surexcité par le vaillant jus du sol natal, s'élève et crie *En avant, marche!* court vers la brèche et donne de la tête.

(1) La bière ne réveille pas l'âme, comme le vin, aussi, comme il était d'usage en Angleterre que le parlement se réunit les membres étant encore à jeun, le célèbre ministre Pitt, qui s'avait apprécier les bons effets du vin de Porto sur l'intelligence anglicane, proposa une innovation salutaire et parvint à changer l'heure de l'Assemblée jusqu'à l'après-diner ; et par cette heureuse disposition il donna du ressort à toutes les facultés intellectuelles de la représentation nationale des Trois-Royaumes.

Et bien que les prévenantes sollicitudes d'une police amie de l'ordre, viennent au secours du citoyen halluciné, le *habeas corpus* n'est pas moins bienveillant pour l'insulaire qui se repose en paix ; qui, récupère ses sens, en rêvant sa pensée, car

« L'Anglais, le seul Anglais instruit dans l'art de vivre,
« Pense et raisonne encore au moment qu'il s'énivre ;
» L'esprit préoccupé d'un bill du parlement,
» Il contemple sa coupe, en silence vidée,
» Et plein de ses vapeurs, il creuse son idée (1). »

Or, laissons John Bull à sa tâche, à ses rêveries soporeuses et revenons au villageois qui ne se creuse pas la tête ; qui suit les vieilles maximes, comme le sentier battu ; qui vous fait entendre dans le langage du bûcheron-cultivateur, l'esprit du vieux Enneus, du savant Montesquieu et du citoyen philosophe Jean-Jacques, qui enseignent qu'il y a

(1) Epitre de Colardeau à Duhamel.

beaucoup à gagner à suivre les coutumes anciennes ; que rappeler les hommes aux vieilles maximes c'est ordinairement les rappeler à la vertu (1) ; que le moindre changement fût-il même avantageux à certains égards, tourne toujours au préjudice des masses ; que les coutumes sont la morale de la multitude, et dès qu'elle cesse de les respecter, elle n'a plus de règles que ses passions ; que d'ailleurs, quand la philosophie a une fois appris au peuple à mépriser les coutumes, il trouve bientôt le secret d'éluder les lois (2) et de compromettre la tranquillité publique, chose à déplorer, bien que *Machiavel* puisse prétendre que « L'agi-» tation au sein de la patrie donne du » ressort aux âmes et que ce qui fait

(1) Esprit des Lois, liv. V, chap. 7.
(2) Préface de Narcisse.

» vraiment prospérer l'espèce, est moins
» la paix que la liberté. »

Quoi qu'il en soit de la théorie philan-
thropique du souple Génois et de ses
disciples, le républicain villageois, honnête homme, dévoué au pays, aux champs
et aux bois, est fort par son espoir et par
cela même il ne craint que Dieu, les
impositions, la retraite des capitaux et la
grêle !

L'erratum ou l'Egide d'auteur.

Ce petit ouvrage n'ayant pas été soumis
aux salutaires prescriptions de l'art, étant
tombé sous la presse avec toute la rudesse, avec toutes les bavures du premier
jet de la pensée, le lecteur voudra bien
lui tenir compte de la spontanéité de
son apparition, lui faire grâce de sa
mauvaise tenue et lui accorder l'accueil

d'une fraternelle indulgence. Par cette bienveillante disposition il le dispensera d'avoir recours à un palliatif, de se couvrir d'un erratum moins propre à faciliter l'intelligence de l'opuscule que de mettre l'auteur à l'abri de ses fautes et de ses bévues.

Au nombre de ces négligences ou inadvertances nous croyons devoir mentionner quelques tournures de phrases peu châtiées, quelques répétitions de mots qui peuvent blesser la chasteté euphonique. Nous devons également signaler la qualification de *grand citoyen* que nous avons supposé devoir appartenir à un orateur célèbre, bien qu'il aît été moins utile à son pays que brillant au *forum*. En effet, épris du génie et de la force d'âme de Gabriel-Honoré Riquetti, comte de Mirabeau, nous n'avons pas

pu refuser au hardi tribun, au grand
révolutionnaire un titre digne d'immortalité.

Malgré l'excès de ses travers, nous
avons attribué tous ses torts à ses malheurs ; à une belle nature despotique-
ment comprimée ; à un père à la fois
impérieux et bizarre, au point de vouloir
étouffer le génie d'un fils par les cruelles
étreintes de la tyrannie ; comme si les
ressorts de l'âme étaient de la trempe
grossière des organes qui font mouvoir
les créatures subalternes qui ne savent
que bouleverser, détruire et se courber
comme les roseaux de la fange devant
la force matérielle d'une puissance
barbare. Oui, nous osons répéter que
nous croyons pouvoir saluer la mémoire
de Mirabeau comme celle d'un Grand
Citoyen ; car il est mort l'âme pleine de

repentir et le cœur enveloppé du deuil de la patrie, abandonnée aux déchirements des factieux.

C'est à l'heure de rendre sa grande âme que cet homme célèbre s'est réhabilité ; c'est dans cet instant suprême qu'il s'est montré vraiment grand ; que ce flambeau de la raison, avant de s'éteindre, a jeté toute la clarté d'une haute intelligence sous l'impression d'un mouvement de cœur de grand citoyen chaudement patriotique.

TABLE.

Le gouvernement républicain.

La liberté.

L'egalité.

La fraternité.

Influence du christianisme sur le régime républicain.

Le peuple et la populace.

Le peuple souverain par la grâce de Dieu.

L'exercice de la souveraineté par délégation. — Assemblée n tionale.

L'éducation et l'instruction publiques.

L'éducation sous le rapport de la guerre et de la paix.

Du caractère national.

L'eau bénite de cœur.

L absolutisme. La démo ratie rouge. La république chrétienne, ou f ançaise.

La souveraineté du peuple et les deux pouvoirs.

Le suffrage universel.

Les socialistes ou communistes.

La crédulité de la multitude.

Le républicanisme jugé par le suffrage universel, popularité de la monarchie en France.

L'exercice de la souveraineté au hameau.

Succés du génie national.

Un régime républicain au gré des campagnards.

Le despotisme. Le prolétaire dupé. Puissance de la foi instinctive du hameau. La sécurité du campagnard.

Le gros et le petit capitaliste.

Le droit au travail.

Le choix d'un état

L'entrainemen et la fatalité.

Le mandataire du campagnard.

Le clocher du village. Les rivalités.

L'émulation.

La calomnie, vice révolutionnaire.

Le calomniateur jugé par le bonhomme Jacques, le villageois.

Les ultrà-prudents.

Une séance politique au cabaret.

L'erratum ou l'egide d'auteur.

FIN DE LA TABLE.

MONTLUÇON, IMPRIMERIE DE H. LEDOUX.

43

www.ingramcontent.com/pod-product-compliance
Lightning Source LLC
Chambersburg PA
CBHW052045270326
41931CB00012B/2632